Bérengère Abraham
Photographies de Fabrice Besse

Mes petits desserts
À CROQUER !

LAROUSSE

SOMMAIRE

Les petits animaux

Les douceurs colorées

Les desserts de fête

Haunted Mansion
Delicious snacks

DES PETITES DOUCEURS

qui vont vous faire craquer !

Des oursons tout moelleux, des macarons en forme de petits koalas, d'adorables grenouilles pistache-chocolat, des choux qui se transforment en pandas ou en moutons, des brioches fleuries, une farandole de bonshommes en pain d'épice...

Ces intitulés vous mettent des étoiles dans les yeux ? Alors à vos fourneaux, car ces recettes, en plus d'être gourmandes et ultra-mignonnes, sont aussi vraiment faciles à réaliser !

Une base de brioche, de biscuit ou de chou, des ingrédients simples, des petits éléments de décoration, et le tour est joué ! Suivez les recettes étape par étape et inspirez-vous des photos pour des desserts qui épateront petits et grands...

MOUTONS
trop choux

12 CHOUX • PRÉPA 40 MIN • CUISSON 35 MIN • CONGÉLATION 30 MIN

INGRÉDIENTS | Stylo pâtissier noir

CRAQUELIN : 50 g de farine · 50 g de cassonade · 40 g de beurre en morceaux
1 pincée de fève tonka râpée · 1 pincée de vanille en poudre

PÂTE À CHOUX : 150 g d'eau · 1 g de sel · 4 g de sucre
45 g de beurre demi-sel · 90 g de farine · 3 œufs

CHANTILLY : 200 g de crème liquide bien froide · 100 g de mascarpone
20 g de sucre · Quelques gouttes d'extrait de vanille

MATERIEL | 2 poches à douille · 1 douille ronde · 1 batteur électrique

1. **Préparez le craquelin :** dans un saladier, mélangez la farine, la cassonade, le beurre, la fève tonka et la vanille, puis étalez la préparation entre deux feuilles de film alimentaire. Placez 30 min au congélateur, le temps de réaliser la pâte à choux.

2. **Préparez la pâte à choux :** faites chauffer dans une casserole l'eau, le sel, le sucre et le beurre. Lorsque le mélange bout, ajoutez la farine en une seule fois et travaillez l'ensemble sur le feu pour le faire sécher. Ajoutez les œufs un à un tout en continuant à mélanger vivement hors du feu.

3. Préchauffez le four à 200 °C, chaleur statique. Placez la pâte dans 1 poche munie de la douille, puis dressez 12 choux espacés sur une plaque de cuisson couverte de papier sulfurisé. Sortez le craquelin du congélateur, découpez 12 disques de 3 cm de diamètre et déposez-les sur les choux. Enfournez pour 25 min sans ouvrir le four, puis baissez à 180 °C pour 5 min. Laissez refroidir les choux.

4. Pendant ce temps, **préparez la chantilly :** montez la crème et le mascarpone en chantilly, tout en incorporant vers la fin le sucre en pluie et la vanille. Placez dans 1 poche à douille et réservez au frais.

5. Coupez les chapeaux des choux, sous le craquelin, et réservez-les. Coupez la pointe de la poche de chantilly et garnissez les choux d'une boule de chantilly. Déposez également des petits points pour former le nez, les oreilles et les pattes sur les choux et leur chapeau. Réalisez les décorations avec le stylo pâtissier et replacez les chapeaux sur les choux. Réservez au frais jusqu'au moment de servir.

BAOS OURSONS

à la pâte à tartiner

12 BAOS • PRÉPA 40 MIN • REPOS 1 H 25 • CUISSON 10 MIN

INGRÉDIENTS | 180 g de lait tiède · 6 g de levure de boulanger sèche · 275 g de farine
25 g de cacao en poudre non sucré · 100 g de fécule de pomme de terre
70 g de sucre · 1 sachet de levure chimique · 1 pincée de sel · 15 g de beurre
15 g d'huile de tournesol · 1 blanc d'œuf · 6 c. à soupe bombées de pâte à tartiner
Stylos pâtissiers blanc et marron

MATÉRIEL | 1 robot pâtissier · 1 panier vapeur

1. Dans le bol du robot, mélangez le lait et la levure de boulanger, puis laissez reposer 10 min.

2. Ajoutez la farine, le cacao, la fécule, le sucre, la levure chimique et le sel. Pétrissez la pâte 5 min, puis ajoutez le beurre, l'huile et le blanc d'œuf, et pétrissez 5 min supplémentaires. Placez cette pâte dans un saladier, couvrez de film alimentaire et laissez reposer 1 h. La pâte doit doubler de volume.

3. Sur un plan de travail fariné, prélevez une petite boule de pâte pour les oreilles, puis divisez le reste en 12 parts égales et roulez-les. Étalez-les en disques, puis déposez 1 c. à café bombée de pâte à tartiner au centre de chacun. Refermez chaque bao en pinçant la pâte, puis retournez la boule et déposez-la sur un morceau de papier sulfurisé, jointure en bas. Formez 24 petites boules avec la pâte restante, puis collez-les sur les baos pour former les oreilles. Couvrez et laissez reposer 15 min.

4. Faites chauffer une casserole d'eau, déposez les baos dans le panier vapeur et faites-les cuire 10 min à la vapeur. Vous pouvez procéder en plusieurs fournées si votre panier est trop petit

5. Servez les baos encore tièdes ou laissez-les refroidir et dessinez les yeux et le museau avec les stylos pâtissiers.

GRENOUILLES
pistache-chocolat

10 GRENOUILLES • PRÉPA 15 MIN • CUISSON 10 MIN

INGRÉDIENTS | 170 g de purée de pistaches · 190 g de farine · 1 œuf
1 c. à soupe d'eau · Colorant alimentaire vert en poudre
200 g de chocolat au lait · Stylos pâtissiers blanc et marron

1. Préchauffez le four à 170 °C. Mélangez la purée de pistaches, la farine, l'œuf, l'eau et un peu de colorant vert dans un saladier afin d'obtenir une pâte.

2. Formez 10 boules de pâte de 30 g (corps) et 20 de 5 g (yeux). Sur une plaque de cuisson couverte de papier sulfurisé, placez 2 petites boules sur le contour d'une grande afin de former les visages des grenouilles. Faites un trou au centre des grosses boules avec le pouce, puis enfournez pour 10 min.

3. Faites fondre le chocolat au bain-marie. Versez-le dans le trou formé précédemment.

4. Dessinez les yeux et la bouche des grenouille à l'aide des stylos pâtissiers et laissez le tout refroidir avant de déguster.

PAV'LAPINS
aux fruits rouges

4 PAVLOVAS • PRÉPA 40 MIN • CUISSON 1 H 30

INGRÉDIENTS | 125 g de fruits rouges · Stylo pâtissier noir

MERINGUE : 4 blancs d'œufs · 1 pincée de sel · 250 g de sucre
1 c. à soupe de fécule de maïs · 1 c. à café de jus de citron

CHANTILLY : 200 g de crème liquide bien froide · 110 g de mascarpone
30 g de sucre · 1 c. à café de vanille en poudre

MATÉRIEL | 1 batteur électrique · 2 poches à douille · 1 douille ronde · 1 douille cannelée

1. Préchauffez le four à 100 °C. **Préparez la meringue :** fouettez les blancs d'œufs avec le sel doucement à l'aide du batteur. Lorsque les blancs deviennent mousseux, augmentez la vitesse jusqu'à ce qu'ils soient bien fermes. Ajoutez le sucre, la fécule de maïs et le jus de citron, et fouettez pour obtenir une meringue lisse et brillante.

2. Placez-la dans 1 poche munie de la douille ronde, puis, sur une feuille de papier sulfurisé placée sur une plaque, réalisez 4 nids pour la tête et 8 bâtonnets de 5 cm environ pour les oreilles. Enfournez pour 1 h 30. À la fin de la cuisson, laissez les meringues refroidir dans le four entre-ouvert.

3. **Préparez la chantilly :** fouettez la crème avec le mascarpone, puis incorporez le sucre en pluie et la vanille en poudre quand celle-ci comment à se former. Continuez à fouetter jusqu'à obtenir une belle chantilly. Placez-la dans 1 poche munie de la douille cannelée.

4. Creusez légèrement les nids de meringues si nécessaire, ajoutez-y quelques fruits rouges et garnissez-les de chantilly. Plantez les oreilles dans la crème et dessinez des yeux et nez avec le stylo pâtissier. Vous pouvez décorer avec quelques fruits rouges restants et frotter légèrement pour marquer les joues.

MACARONS KOALAS
à la framboise

8 MACARONS • PRÉPA 30 MIN • REPOS 1 H • CUISSON 15 MIN

INGRÉDIENTS | MACARONS : 130 g de sucre glace · 90 g d'amandes en poudre 3 blancs d'œufs · 40 g de sucre · Colorant alimentaire gris en poudre · Stylo pâtissier noir

GARNITURE : 4 grosses c. à soupe de confiture de framboises

MATÉRIEL | 1 batteur électrique · 1 poche à douille · 1 douille à macarons

1. Sur une feuille de papier sulfurisé, au crayon, dessinez 16 têtes de koalas (ces gabarits vous aideront à être plus précis au moment de pocher). Retournez la feuille et posez-la sur une plaque de cuisson.

2. **Préparez les macarons :** mixez le sucre glace et les amandes en poudre finement.

3. Montez les blancs d'œufs en neige, en ajoutant au bout de quelques minutes le sucre et le colorant gris. Mélangez délicatement la préparation sucre glace-amandes aux blancs en neige.

4. Placez la pâte dans la poche munie de la douille, puis, sur la feuille de papier sulfurisé, pochez les koalas sur les gabarits que vous voyez en transparence. Laissez croûter 1 h à température ambiante.

5. Préchauffez le four à 150 °C. Enfournez pour 15 min.

6. Laissez refroidir les macarons. Avant de les garnir, décorez la moitié des coques avec le stylo pâtissier noir avec des yeux et des nez. Garnissez les coques non décorées de confiture de framboises et placez dessus les coques décorées.

Petits moelleux OURSONS

12 MOELLEUX • PRÉPA 25 MIN • CUISSON 10 MIN

INGRÉDIENTS | 2 œufs · 80 g de sucre · 100 g de farine · 1 sachet de levure chimique
30 g de lait · 65 g d'huile neutre · 10 g de cacao en poudre non sucré
Stylos pâtissiers blanc et noir

MATÉRIEL | 1 batteur électrique · 12 moules têtes d'oursons

1 Préchauffez le four à 180 °C. Séparez les blancs des jaunes d'œufs. Dans un saladier, fouettez les blancs en neige avec le batteur.

2 Dans un second récipient, fouettez le sucre avec les jaunes d'œufs. Ajoutez la farine, la levure, le lait et l'huile et mélangez à nouveau. Ajoutez enfin les blancs d'œufs avec une spatule.

3 Prélevez 80 g de pâte dans un bol et ajoutez-y le cacao en poudre.

4 Beurrez les moules, puis répartissez la pâte au cacao dans les creux des museaux et des oreilles. Couvrez avec la pâte nature. Enfournez pour 10 min et laissez refroidir avant de démouler. Dessinez les yeux et le nez avec les stylos pâtissiers.

LAPINS VAPEUR
à la framboise

8 LAPINS • PRÉPA 35 MIN • REPOS 1 H • CUISSON 10 MIN

INGRÉDIENTS | 150 g de lait · 3 g de levure de boulanger sèche · 250 g de farine
1 c. à soupe de sucre · Colorant alimentaire rose en poudre
8 c. à café bombées de confiture de framboises · Stylo pâtissier noir

MATÉRIEL | 1 robot pâtissier · 1 panier vapeur

1 Dans le bol du robot, délayez la levure dans le lait. Ajoutez la farine et le sucre et pétrissez 5 min.

2 Prélevez une petite boule de pâte blanche pour l'intérieur des oreilles et ajoutez un peu de colorant rose dans le reste, puis mélangez à nouveau pour obtenir une pâte rose homogène. Laissez reposer 15 min à couvert.

3 Avec la pâte rose, formez 8 boules de 35 g, puis 16 très petites boules pour le museau, 8 pour la queue, 16 petits ovales pour les pâtes et 16 ovales plus gros pour les oreilles.

4 Étalez chaque boule de 35 g en un cercle, déposez 1 c. à café de confiture au centre de chacun et refermez délicatement pour former une boule. Retournez la boule pour avoir le côté lisse vers le haut et déposez chacune sur un morceau de papier sulfurisé.

5 Divisez la pâte blanche en 8 petits morceaux, puis étirez-les en fin boudins. Recoupez chaque boudin en deux, puis pliez-les pour faire la partie blanche des oreilles. Déposez cette partie sur les oreilles roses, puis installez-les sur les boules de pâte. Pour les faire tenir, aidez-vous d'une pique à brochette ou d'un cure-dent en afin de bien souder les deux masses. Faites de même pour les pâtes, la queue et les petites boules pour le museau. Déposez les lapins ainsi formés dans le panier vapeur, puis laissez gonfler 45 min à couvert.

6 Faites chauffer une casserole d'eau, installez-y le panier vapeur et faites cuire 10 min. Laissez refroidir, puis dessinez les yeux et nez avec le stylo pâtissier.

Cupcakes PETITS CHIENS

12 CUPCAKES • PRÉPA 40 MIN • CUISSON 20 MIN

INGRÉDIENTS | PÂTE À CUPCAKES : 170 g de beurre demi-sel ramolli · 200 g de sucre · 3 œufs 260 g de farine · 1 sachet de levure chimique · 1 c. à café d'extrait de vanille · 125 g de lait

GLAÇAGE : 150 g de beurre à température ambiante · 325 g de sucre glace · 4 c. à soupe de crème liquide · Quelques gouttes d'extrait de vanille · Cacao en poudre non sucré · Colorant alimentaire rose en poudre (facultatif) · Stylo pâtissier noir

MATÉRIEL | 1 robot pâtissier · 12 moules à muffins · 12 caissettes en papier · 3 poches à douille

1 Préchauffez le four à 180 °C. **Préparez la pâte à cupcakes :** dans le bol du robot, mélangez le beurre et le sucre jusqu'à le mélange soit crémeux. Ajoutez les œufs un par un jusqu'à ce que la préparation soit homogène. Ajoutez la farine, la levure, l'extrait de vanille et le lait puis mélangez.

2 Garnissez les moules avec les caissettes, puis répartissez la pâte à l'intérieur et enfournez pour 20 min. Laissez refroidir complètement à la sortie du four.

3 **Préparez le glaçage :** dans le bol du robot, travaillez le beurre en pommade. Ajoutez le sucre glace petit à petit tout en fouettant, puis la crème et l'extrait de vanille. Continuez à fouetter pour obtenir une crème onctueuse.

4 Divisez la crème en trois : laissez la première part blanche. Ajoutez un peu de cacao dans la deuxième pour obtenir une crème marron clair. Ajoutez plus de cacao dans la troisième pour obtenir une crème marron foncé. Vous pouvez également prélever 1 c. à soupe de crème blanche et la colorer en rose pour réaliser les langues des chiens.

5 Versez les glaçages blanc et marron dans différentes poches à douille, puis découpez la pointe de chaque poche.

6 À l'aide des différentes couleurs, décorez les cupcakes froids en réalisant des têtes de petits chiens. Ajoutez éventuellement une petite langue rose avec un cure-dent. Enfin, dessinez les yeux et les truffes avec le stylo pâtissier. Réservez au frais jusqu'au moment de déguster.

MOCHIS OURSONS
à la coco

8 À 10 MOCHIS • PRÉPA 40 MIN • CUISSON 5 MIN

INGRÉDIENTS | 2 c. à soupe bombées de beurre de cacahuètes (plutôt épais si besoin)
2 c. à soupe bombées de noix de coco râpée · Stylos pâtissiers blanc et noir

PÂTE À MOCHIS : 110 g de farine de riz gluant · 30 g de fécule de maïs
+ pour le plan de travail · 30 g de sucre · 170 g de lait

CHANTILLY : 300 g de crème de coco bien froide · 100 g de mascarpone
1 c. à café de vanille en poudre · 40 g de sucre

MATÉRIEL | 1 poche à douille

1 **Préparez la pâte à mochis :** dans un saladier, mélangez la farine de riz, la fécule de maïs, le sucre et le lait. Placez la préparation dans une poêle antiadhésive et mélangez jusqu'à ce que la pâte épaississe et se détache des parois.

2 Sur un plan de travail, travaillez la pâte en ajoutant de la fécule de maïs et en la malaxant jusqu'à ce qu'elle devienne élastique, puis divisez-la en 10 pâtons de 30 g environ. Réservez le reste de pâte pour les oreilles. Boulez les pâtons et aplatissez-les en disques de 12 cm environ, sans les étaler trop finement. Réservez.

3 **Préparez la crème chantilly :** placez la crème de coco dans un saladier bien sec avec le mascarpone et la vanille en poudre, puis fouettez tout en incorporant le sucre jusqu'à ce que la chantilly se forme. Placez-la dans la poche à douille et réservez.

4 Dans un petit bol, mélangez le beurre de cacahuètes avec la noix de coco râpée.

5 **Garnissez les mochis :** placez les disques de pâte un à un dans une coupelle, ajoutez un peu de chantilly, du mélange cacahuète-coco et à nouveau de la chantilly. Refermez et coupez l'excédent de pâte. Faites tourner le mochi légèrement dans la main pour lui donner une forme arrondie et placez-le sur un carré de papier sulfurisé ou dans une caissette en papier. Répétez l'opération avec tous les mochis.

6 Avec le reste de pâte, boulez 2 petites oreilles pour chaque mochi en les faisant tenir avec un peu d'eau. À l'aide des stylos pâtissiers, formez le museau en blanc, puis en noir et les yeux en noir. Réservez au frais jusqu'au moment de servir.

PANDAS-choux

12 CHOUX • PRÉPA 40 MIN • CUISSON 35 MIN

INGRÉDIENTS | Stylo pâtissier noir · Sucre glace pour le décor

PÂTE À CHOUX : 150 g d'eau · 1 g de sel · 4 g de sucre
45 g de beurre demi-sel · 90 g de farine · 3 œufs

CHANTILLY : 200 g de crème liquide bien froide · 100 g de mascarpone · 20 g de sucre

MATÉRIEL | 2 poches à douille · 1 douille ronde · 1 batteur électrique

1. **Préparez la pâte à choux :** placez l'eau, le sel, le sucre et le beurre dans une casserole, puis faites chauffer. Lorsque le mélange bout, ajoutez la farine en une seule fois et travaillez l'ensemble sur le feu pour le faire sécher. Ajoutez les œufs un à un tout en continuant à mélanger vivement hors du feu.
2. Préchauffez le four à 200 °C, chaleur statique. Placez la pâte dans 1 poche munie de la douille, puis dressez 12 choux espacés sur une plaque de cuisson couverte de papier sulfurisé. Enfournez pour 25 min sans ouvrir le four, puis baissez à 180 °C pour 5 min. Laissez refroidir les choux.
3. Pendant ce temps, **préparez la chantilly :** montez la crème liquide et le mascarpone en chantilly, tout en incorporant vers la fin le sucre en pluie. Placez dans 1 poche à douille et réservez.
4. Coupez le chapeau des choux et conservez-les. Coupez la pointe de la poche de chantilly et garnissez les choux d'une boule de chantilly. Dessinez les têtes, les oreilles et les pattes avec le stylo pâtissier noir, puis refermez avec le chapeau.
5. Parsemez de sucre glace et réservez au frais jusqu'au moment de servir.

Brioche damier
OURSONS ET FRAISES

4 À 6 PERS. • PRÉPA 45 MIN • REPOS 1 H 15 À 1 H 30 • CUISSON 30 MIN

INGRÉDIENTS | 300 g de farine · 10 g de lait en poudre
6 g de levure de boulanger instantanée · 50 g de sucre · 2 jaunes d'œufs
40 g de crème liquide · 150 g de lait · 1 pincée de sel · 30 g de beurre
Colorant alimentaire rose en poudre · Stylos pâtissiers vert, blanc et noir

MATÉRIEL | 1 robot pâtissier · 1 moule carré de 20 x 20 cm

1. Dans le bol du robot, placez la farine, le lait en poudre, la levure, le sucre, les jaunes d'œufs, la crème, le lait et le sel, puis pétrissez 5 min jusqu'à l'obtention d'une pâte homogène et lisse. Ajoutez le beurre et pétrissez à nouveau 5 min jusqu'à ce qu'il soit bien incorporé.

2. Prélevez une petite boule de pâte pour les oreilles, puis divisez le reste en 2 parts égales et ajoutez 1 pincée de colorant rose dans un des pâtons. Pétrissez cette pâte jusqu'à ce que la couleur soit homogène. Couvrez les pâtons d'un torchon propre et laissez lever 45 min à 1 h dans un endroit sec, à l'abri des courants d'air. Ils doivent doubler de volume.

3. Façonnez 8 boules de 30 g avec la pâte rose en les farinant si besoin pour que la pâte soit plus facile à travailler. Façonnez 8 boules de 30 g avec la pâte nature.

4. Répartissez-les dans le moule beurré et chemisé de papier sulfurisé. Alternez les boules roses et les boules blanches pour former un damier. Avec la pâte blanche réservée, réalisez des petites boules pour les oreilles des oursons. Déposez-les sur les boules blanches. Couvrez et laissez reposer 30 min.

5. Préchauffez le four à 150 °C, chaleur tournante, puis enfournez pour 15 min. Baissez à 125 °C et poursuivez la cuisson 15 min.

6. Laissez refroidir complètement, puis, à l'aide des stylos pâtissiers, décorez la pâte pour réaliser les fraises et le visage des oursons.

Petits pains au lait OURSONS

8 PETITS PAINS • PRÉPA 40 MIN • REPOS 2 H 55 • CUISSON 10 À 12 MIN

INGRÉDIENTS | 200 g de lait · 6 g de levure de boulanger sèche
500 g de farine · 10 g de sel · 70 g de sucre · 2 œufs
125 g de beurre ramolli · Stylos pâtissiers noir, blanc et rouge

DORURE : 2 c. à soupe de lait · 1 jaune d'œuf

MATÉRIEL | 1 robot pâtissier · 1 pinceau

1 Faites tiédir le lait, puis délayez-y la levure. Laissez reposer 10 min.

2 Dans le bol du robot, placez la farine avec le sel et le sucre. Ajoutez la levure délayée et les œufs et pétrissez 5 min. Ajoutez ensuite le beurre et pétrissez 5 min supplémentaires. Couvrez et laissez gonfler 2 h, jusqu'à ce que la pâte ait doublé de volume.

3 Lorsque la pâte est bien gonflée, réalisez 8 boules de 30 g (tête), 8 boules de 20 g (corps) et 48 boules de 1 g environ (pattes, oreilles).

4 Sur une plaque couverte de papier sulfurisé, façonnez les oursons en collant les différentes parties avec le pinceau légèrement mouillé. Couvrez d'un torchon propre et laissez pousser 45 min.

5 Préchauffez le four à 200 °C. Dans un petit bol, mélangez le lait et le jaune d'œuf pour la dorure. Lorsque les oursons sont bien dodus, badigeonnez-les au pinceau de dorure. Enfournez-les pour 10 à 12 min jusqu'à ce qu'ils soient bien dorés, puis laissez-les refroidir sur une grille. Réalisez les détails (yeux, museaux et cœurs) avec les stylos pâtissiers.

LAPINS *Briochés*

8 BRIOCHES • PRÉPA 30 MIN • REPOS 1 H 45 • CUISSON 15 MIN

INGRÉDIENTS | 500 g de farine T45 · 8 g de sel · 60 g de sucre
20 g de levure de boulanger fraîche · 1 c. à café d'extrait de vanille
1 c. à soupe d'arôme de fleur d'oranger · 200 g de lait entier + 1 filet pour la dorure
2 œufs · 100 g de beurre demi-sel · Stylos pâtissiers noir et rose

MATÉRIEL | 1 robot pâtissier · 1 pinceau

1. Dans le bol du robot, placez la farine, le sel, le sucre, la levure, la vanille, la fleur d'oranger, le lait et les œufs, puis pétrissez 5 min jusqu'à obtenir une pâte lisse et homogène. Incorporez le beurre, puis pétrissez à nouveau 5 min. Couvrez la pâte dans le bol d'un torchon propre et laissez lever 1 h à température ambiante.

2. Sur un plan de travail fariné, formez 8 boules de pâte de 80 g (tête) et 8 boules de 30 g (oreilles). Pour les oreilles, étalez les morceaux de pâte en boudin, coupez-les en deux et repliez-les sur eux-mêmes pour obtenir 2 oreilles.

3. Sur une plaque de cuisson couverte de papier sulfurisé, déposez les boules des têtes, soudez les oreilles en haut. Couvrez de film alimentaire ou d'un torchon propre et laissez reposer 45 min.

4. Préchauffez le four à 170 °C. Dorez les brioches avec le lait à l'aide du pinceau, puis enfournez pour 15 min.

5. Une fois cuites, sortez les brioches et laissez-les refroidir. Décorez-les à l'aide des stylos pâtissiers.

BISCUITS OURSONS
à la fève tonka

16 SABLÉS • PRÉPA 15 MIN • RÉFRIGÉRATION 1 H • CUISSON 10 À 12 MIN

INGRÉDIENTS | 125 g de farine · 75 g de sucre · 75 g de beurre demi-sel en morceaux
1 jaune d'œuf · 1 fève tonka râpée · 16 amandes entières non pelées

MATÉRIEL | 1 emporte-pièce en forme d'ourson

1. Réalisez la pâte à sablés en mélangeant la farine, le sucre et le beurre. Ajoutez le jaune d'œuf, la fève tonka et formez une boule de pâte bien homogène. Placez-la 1 h au frais.
2. Préchauffez le four à 180 °C. Étalez-la pâte sur un plan de travail fariné, découpez des biscuits avec l'emporte-pièce et déposez-les sur une plaque de cuisson couverte de papier sulfurisé.
3. Déposez 1 amande sur l'un des bras et repliez-le pour faire comme si l'ourson la tenait, ou repliez les deux. Répétez l'opération pour tous les sablés, puis enfoncez légèrement le bout d'une baguette ou d'un cure-dents pour façonner les yeux.
4. Enfournez pour 10 à 12 min, puis laissez les biscuits refroidir sur une grille.

PETITS CHIENS
façon spritz

12 SPRITZ • PRÉPA 40 MIN • RÉFRIGÉRATION 1 H • CUISSON 12 À 15 MIN

INGRÉDIENTS | 2 gousses de vanille · 380 g de beurre ramolli · 150 g de sucre glace 2 blancs d'œufs · 450 g de farine · Colorant alimentaire rose en poudre · Stylo pâtissier noir

MATÉRIEL | 1 robot pâtissier · 2 poches à douille · 2 douilles cannelées

1 Fendez les gousses de vanille en deux et grattez les graines. Dans le bol du robot, placez le beurre, le sucre glace et les graines de vanille. Mélangez jusqu'à obtenir une pâte homogène. Ajoutez les blancs d'œufs et la farine, et mélangez jusqu'à ce que la pâte soit bien souple pour la travailler.

2 Prélevez 3 c. à soupe de pâte, placez-la dans un bol et ajoutez un peu de colorant rose. Mélangez.

3 Placez les pâtes dans les poches munies des douilles. Sur une plaque de cuisson couverte de papier sulfurisé, avec la pâte nature, réalisez un rond (tête), les oreilles sur chaque côté, une houppette et les babines. Avec la pâte colorée, réalisez un petit nœud. Placez 1 h au frais pour que la pâte se tienne bien en cuisson.

4 Préchauffez le four à 170 °C. Enfournez pour 12 à 15 min, puis laissez refroidir sur une grille. Lorsque les sablés sont froids, dessinez des yeux et des truffes avec le stylo pâtissier.

BUNNY *rolls*

4 ROLLS • PRÉPA 30 MIN • RÉFRIGÉRATION 30 MIN • CUISSON 45 MIN

INGRÉDIENTS | 400 g de pâte feuilletée à étaler · 2 c. à soupe de sucre
4 c. à soupe de pâte à tartiner · Stylo pâtissier noir · Quelques amandes effilées

GLAÇAGE ROYAL : 100 g de sucre glace · Le jus de ½ citron

MATÉRIEL | 4 cercles à pâtisserie Ø 10 cm et 2 cm de haut · 2 poches à douille

1. Étalez la pâte feuilletée en un rectangle de 60 x 10 cm, humectez légèrement d'eau et saupoudrez de sucre. Roulez la pâte en boudin bien serré et placez-la 30 min au frais.

2. Préchauffez le four à 180 °C. Détaillez la pâte en 4 disques de 2 cm d'épaisseur et placez-les dans les cercles à pâtisserie posés sur une plaque de cuisson couverte de papier sulfurisé. Couvrez à nouveau de papier sulfurisé et d'une nouvelle plaque (cela évitera que les rolls gonflent trop et sortent des cercles), puis enfournez pour 45 min. Retirez la plaque qui couvre les rolls 5 min avant la fin de la cuisson. Laissez refroidir sur une grille, puis démoulez les rolls.

3. **Garnissez les rolls :** réalisez une entaille dans chacun d'eux, puis garnissez-les avec 1 poche à douille remplie de pâte à tartiner.

4. **Préparez le glaçage royal :** dans un bol, mélangez le sucre glace et le jus de citron, puis placez la préparation dans 1 poche à douille. Coupez la pointe, puis décorez le dessus de chaque roll.

5. Une fois le glaçage sec, dessinez des yeux et un nez avec le stylo pâtissier et piquez 2 amandes effilées dans chaque roll pour former les oreilles.

COURONNES D'OURSONS

Briochés

2 BRIOCHES (8 PERS.) • PRÉPA 45 MIN • REPOS 1 H 45 • CUISSON 20 MIN

INGRÉDIENTS | 265 g de farine · 10 g de cacao en poudre non sucré
3 g de levure de boulanger sèche · 75 g de sucre · 1 pincée de sel
35 g de crème liquide · 160 g de lait + 2 c. à soupe pour la dorure
30 g de beurre en morceaux · Stylos pâtissiers blanc et noir

MATÉRIEL | 1 robot pâtissier · 2 cercles à pâtisserie Ø 20 cm · 1 pinceau

1. Dans le bol du robot, placez la farine, le cacao en poudre, la levure, le sucre, le sel, la crème et le lait, puis mélangez jusqu'à obtenir une préparation homogène. Pétrissez 5 min avec le crochet du robot. Ajoutez le beurre et pétrissez 5 min supplémentaires. Placez la pâte dans un saladier, couvrez d'un torchon propre et laissez lever 1 h dans un endroit sec, à température ambiante et à l'abri des courants d'air.

2. Divisez la pâte en 12 pâtons de 35 g, puis façonnez-les en boules. Répartissez-les en couronne dans les cercles à pâtisserie posés sur une plaque couverte de papier sulfurisé. Avec les chutes de pâte, réalisez les petites oreilles et placez-les sur chaque boule pour former des têtes. Couvrez de film et laissez lever 45 min.

3. Préchauffez le four à 175 °C. Dorez les brioches au lait avec le pinceau et enfournez pour 20 min.

4. Laissez les brioches refroidir complètement, sortez-les des cercles, puis dessinez les yeux et le museau des oursons avec les stylos pâtissiers.

Mochis PÊCHES

6 MOCHIS • PRÉPA 40 MIN • CUISSON 5 MIN

INGREDIENTS | 6 c. à café de confiture de pêches · 6 feuilles vertes en azyme

PÂTE À MOCHIS : 110 g de farine de riz gluant · 30 g de fécule de maïs + pour le plan de travail · 30 g de sucre · 170 g de lait
Colorants alimentaires rose et jaune en poudre

CHANTILLY : 75 g de mascarpone · 300 g de crème liquide bien froide · 30 g de sucre

MATÉRIEL | 1 poche à douille

1. **Préparez la pâte à mochis :** dans un saladier, mélangez la farine de riz, la fécule de maïs, le sucre et le lait. Ajoutez les colorants rose et jaune en poudre (un tout petit peu de chaque) et mélangez à nouveau jusqu'à obtenir une préparation lisse et homogène, et une belle couleur rose-orangée.

2. **Préparez la chantilly :** dans un saladier, fouettez le mascarpone avec la crème, en ajoutant progressivement le sucre jusqu'à ce que la chantilly se forme. Placez-la dans la poche à douille et réservez au frais.

3. Placez la préparation à mochi dans une poêle antiadhésive et mélangez à feu moyen jusqu'à ce que la préparation épaississe et se détache des parois.

4. Sur un plan de travail, travaillez la pâte en ajoutant de la fécule de maïs et en la malaxant jusqu'à ce qu'elle devienne élastique. Divisez ensuite la pâte en 6 pâtons de même poids, puis boulez-les et aplatissez-les en disques de 15 cm environ, sans étaler la pâte trop finement.

5. Placez-les un à un dans une coupelle et garnissez-les de crème chantilly en laissant un creux au centre pour ajouter 1 c. à café de confiture de pêches. Refermez les mochis et coupez l'excédent de pâte. Faites-les tourner légèrement dans la main pour leur donner une belle forme arrondie et placez-les sur une feuille de papier sulfurisé ou dans une caissette en papier. Avec le dos d'un couteau, appuyez légèrement sur le côté des mochis pour leur donner la forme de pêche et piquez chacun d'eux d'une feuille en azyme. Réservez au frais jusqu'au moment de servir.

TARTELETTES FLEURIES

au citron

12 TARTELETTES • PRÉPA 30 MIN • RÉFRIGÉRATION 1 H • CUISSON 12 MIN

INGRÉDIENTS I PÂTE : 45 g de sucre · 75 g de beurre en morceaux
110 g de farine · 30 g d'amandes en poudre · 1 jaune d'œuf

LEMON CURD : 1 c. à café bombée de fécule de maïs · 100 g de jus de citron + un filet
Le zeste de 3 citrons · 2 œufs · 2 jaunes d'œufs · 120 g de sucre · 80 g de beurre

CHANTILLY : 100 g de crème liquide bien froide · 2 c. à soupe de sucre

MATÉRIEL I 12 moules à tartelettes · 1 batteur électrique · 2 poches à douilles · 1 pinceau

1 **Préparez la pâte :** dans un saladier, mélangez le sucre, le beurre, la farine, les amandes en poudre et le jaune d'œuf jusqu'à obtenir une pâte homogène. Filmez et laissez reposer 1 h au frais.

2 **Préparez le lemon curd :** diluez la fécule de maïs avec un peu de jus de citron. Dans une casserole, fouettez le jus de citron avec les zestes, les œufs entiers et les jaunes, la fécule de maïs délayée et le sucre. Lorsque le mélange est homogène, faites cuire à feu doux tout en fouettant jusqu'à ce que la préparation épaississe. Ajoutez le beurre hors du feu et mélangez, puis filmez au contact. Laissez refroidir, puis placez 1 h minimum au frais.

3 Préchauffez le four à 180 °C. Beurrez, puis foncez les moules avec la pâte. Enfournez pour 12 min, puis laissez refroidir et démoulez.

4 Pendant ce temps, **préparez la chantilly :** fouettez la crème et, lorsqu'elle commence à monter, incorporez peu à peu le sucre. Battez jusqu'à ce que la chantilly soit ferme et placez-la dans 1 poche à douille.

5 Lorsque les fonds de tartes sont froids, garnissez-les de crème chantilly et lissez le surplus avec une spatule. Placez le lemon curd dans 1 poche à douille, coupez la pointe et réalisez 5 pétales sur chaque tartelette. Formez un petit creux dans chacun avec le pinceau et déposez un cœur de chantilly. Réservez au frais jusqu'au moment de servir.

MINI-DONUTS *fantaisie*

16 PETITS DONUTS • PRÉPA 40 MIN • REPOS 1 H 45 • CUISSON 10 MIN

INGRÉDIENTS | PÂTE À DONUTS : 315 g de farine · 60 g de sucre · 1 pincée de sel
160 g de lait · 1 œuf · 1 c. à soupe d'huile neutre · 6 g de levure de boulanger sèche

GLAÇAGE : 200 g de sucre glace · Jus de ½ citron · 1 blanc d'œuf
Colorants alimentaires au choix · Amandes entières
Vermicelles colorés · Yeux en sucre · Stylos pâtissiers

MATÉRIEL | 1 robot pâtissier · 16 moules à donuts de formes variées

1. **Préparez la pâte à donuts :** dans le bol du robot, placez la farine, le sucre, le sel, le lait, l'œuf, l'huile et la levure, puis mélangez jusqu'à obtenir une pâte lisse et homogène. Couvrez le bol d'un film alimentaire ou d'un torchon propre et laissez lever 1 h dans un endroit sec et à l'abri des courants d'air.

2. Beurrez les moules. Déposez la pâte sur le plan de travail et dégazez-la. Séparez-la en 16 petits pâtons de 30 g environ, formez un trou au centre et garnissez les moules. Couvrez et laissez lever 45 min.

3. Préchauffez le four à 180 °C. Enfournez les donuts pour 10 min afin qu'ils soient légèrement dorés. Laissez-les refroidir sur une grille.

4. **Préparez le glaçage :** mélangez le sucre glace avec le jus de citron et le blanc d'œuf.

5. Colorez le glaçage à votre guise pour décorer les donuts. Pour réaliser les chats, plantez deux amandes entières dans les donuts (pour faire les oreilles) avant de les glacer. Décorez selon vos goûts avec les vermicelles, les yeux en sucre, les stylos pâtissiers (pour ces derniers, laissez sécher le glaçage)...

Petits cœurs CERISES

15 BISCUITS • PRÉPA 30 MIN • RÉFRIGÉRATION 1 H • CUISSON 10 À 12 MIN

INGREDIENTS | 8 c. à soupe bombées de confiture de cerises · Stylo pâtissier vert

PÂTE À SABLÉS : 200 g de farine · 50 g d'amandes en poudre
50 g de sucre · 150 g de beurre demi-sel en morceaux · 1 œuf

MATÉRIEL | 1 emporte-pièce en forme de cœur · 1 petit emporte-pièce rond

1 **Préparez la pâte à sablés :** mélangez la farine, les amandes en poudre, le sucre et le beurre. Ajoutez l'œuf et formez une boule de pâte bien homogène (vous pouvez ajouter quelques gouttes d'eau si la pâte est trop sableuse). Placez-la 1 h au frais.

2 Préchauffez le four à 180 °C. Étalez-la pâte sur un plan de travail fariné, découpez 30 biscuits avec l'emporte-pièce cœur et déposez-les sur une plaque de cuisson couverte de papier sulfurisé. Sur la moitié des biscuits, découpez 2 petits cercles avec l'emporte-pièce rond pour former les trous des cerises. Enfournez pour 10 à 12 min, puis laissez les biscuits refroidir sur une grille.

3 Sur les biscuits pleins, répartissez la confiture, puis refermez avec les biscuits troués. Dessinez les tiges et des feuilles à l'aide du stylo pâtissier et laissez sécher. Conservez ces biscuits dans une boîte hermétique.

BISCUITS CITRONS
à l'orange

15 BISCUITS • PRÉPA 40 MIN • RÉFRIGÉRATION 2 H • CUISSON 8 À 10 MIN

INGRÉDIENTS I PÂTE À BISCUITS : 375 g de farine · 1 sachet de levure chimique
230 g de beurre demi-sel ramolli · 150 g de sucre · 1 œuf
Le zeste de 1 orange finement râpé

GLAÇAGE : 200 g de sucre glace · 1 blanc d'œuf
Quelques gouttes de jus de citron · Colorant alimentaire jaune en poudre

MATÉRIEL I 1 robot pâtissier · 2 petites poches à douille

1 **Préparez la pâte à biscuits :** dans le bol du robot, mélangez la farine, la levure, le beurre, le sucre, l'œuf et le zeste de l'orange jusqu'à obtenir une pâte homogène. Façonnez une boule, filmez-la et placez 2 h minimum au frais.

2 Préchauffez le four à 180 °C. Étalez la pâte sur un plan de travail fariné, puis découpez 15 disques de 6 cm de diamètre environ. Déposez-les sur une plaque de cuisson couverte de papier sulfurisé, puis enfournez pour 8 à 10 min. À la sortie du four, laissez les biscuits refroidir complètement sur une grille.

3 **Préparez le glaçage :** mélangez le sucre glace avec le blanc d'œuf et le jus de citron. Réservez une petite partie de glaçage blanc et versez-le dans 1 petite poche à douille. Ajoutez du colorant jaune dans le glaçage restant, puis versez-le dans la seconde poche à douille. Coupez la pointe des poches, puis commencez par dessiner un cercle blanc tout autour d'un biscuit. Dessinez ensuite 4 diagonales pour former les quartiers. Faites de même avec tous les gâteaux.

4 Poursuivez avec le glaçage jaune : dessinez un cercle jaune à l'extérieur du cercle blanc, puis remplissez de jaune les quartiers entre les traits blancs. Utilisez une pique à brochette, par exemple, pour aider le glaçage à se loger dans les coins. Laissez les biscuits sécher complètement avant de servir.

SABLÉS AVOCATS
pistache-chocolat

12 SABLÉS • PRÉPA 30 MIN • RÉFRIGÉRATION 1 H 30 • CUISSON 12 À 15 MIN

INGRÉDIENTS | 150 g de beurre demi-sel ramolli · 100 g de sucre
1 jaune d'œuf · ½ c. à café de vanille en poudre · 200 g de farine
20 g de cacao en poudre non sucré · 2 c. à soupe d'eau
Quelques gouttes d'arôme de pistache · 1 c. à soupe de purée de pistaches
Colorant alimentaire vert en poudre · Stylo pâtissier noir

1 Dans un grand bol, battez le beurre et le sucre jusqu'à obtenir un mélange crémeux. Ajoutez le jaune d'œuf, la vanille et mélangez. Ajoutez petit à petit la farine tamisée et mélangez jusqu'à ce que la pâte se forme.

2 Prélevez 120 g de pâte et ajoutez-y le cacao et l'eau. Mélangez jusqu'à obtenir une pâte homogène. Mélangez la pâte restante avec l'arôme de pistache, la purée de pistaches et une pointe de colorant vert pour obtenir une pâte verte. Filmez chaque pâte et réservez-les 1 h au frais.

3 Divisez la pâte verte en 12 pâtons de 30 g. Boulez-les, puis aplatissez-les pour leur donner une forme de poire. Avec la pâte cacao, façonnez 6 boules et coupez-les en deux. Déposez-les sur les sablés verts pour former les avocats. Répartissez les sablés sur une plaque de cuisson couverte de papier sulfurisé et placez 30 min au frais.

4 Préchauffez le four à 170 °C. Enfournez les sablés pour 12 à 15 min, puis laissez-les refroidir sur une grille.

5 Lorsque les sablés sont bien froids, dessinez dessus des yeux et bouches avec le stylo pâtissier pour créer les visages.

Brochettes D'OISEAUX MERINGUÉS

4 BROCHETTES • PRÉPA 30 MIN • CUISSON 1 H 30

INGRÉDIENTS | 4 blancs d'œufs · 200 g de sucre
Colorants alimentaires jaune, orange et rose en poudre · Stylo pâtissier noir

MATÉRIEL | 1 batteur électrique · 3 poches à douille · 1 douille cannelée
4 piques à brochette en bois

1. Préchauffez le four à 100 °C. Fouettez les blancs d'œufs en neige bien ferme, puis ajoutez le sucre en pluie et fouettez à nouveau pour obtenir une belle meringue lisse et brillante.

2. Séparez la masse en deux. Dans la première ajoutez un peu de colorant jaune, puis versez-la dans 1 poche à douille, sauf une petite partie. Dans cette meringue réservée, ajoutez un peu de colorant orange pour les becs, versez dans 1 poche à douille. Enfin, dans le reste de meringue non coloré, ajoutez le colorant rose et versez dans la dernière poche munie de la douille cannelée.

3. Sur une plaque de cuisson couverte de papier sulfurisé, dressez 4 lignes de meringue jaune de 6 cm de long, puis coincez les piques à brochette dessus. Déposez de la meringue jaune en haut pour former un oiseau. Déposez une fleur rose juste en dessous avec un centre jaune. Répétez l'opération juste en dessous, terminez avec des ailes pour les oiseaux et les becs orange.

4. Enfournez pour 1 h 30, puis laissez refroidir les brochettes dans le four éteint et entre-ouvert. Lorsque les brochettes sont froides, dessinez les yeux des oiseaux à l'aide du stylo pâtissier.

PETITS CŒURS
très choux à la rose

20 CHOUX • PRÉPA 40 MIN • CUISSON 40 MIN • RÉFRIGÉRATION 2 H

INGRÉDIENTS | CRÈME : 500 g de lait · 4 jaunes d'œufs · 100 g de sucre · 25 g de farine
20 g de beurre · Eau de rose · Colorant alimentaire rose en poudre

PÂTE À CHOUX : 150 g d'eau · 1 g de sel · 4 g de sucre
45 g de beurre demi-sel · 90 g de farine · 3 œufs

GLAÇAGE : 150 g de sucre glace · 10 g de jus de citron · 1 blanc d'œuf
Colorant alimentaire rose en poudre · Fleurs comestibles (facultatif)

MATÉRIEL | 2 poches à douille · 1 douille ronde · 1 douille à garnir

1. **Préparez la crème :** faites chauffer le lait. Fouettez les jaunes d'œufs avec le sucre et la farine. Versez le lait chaud dessus, fouettez et remettez dans la casserole pour faire épaissir à feu doux. Ajoutez le beurre, l'eau de rose et 1 pincée de colorant, mélangez, puis placez dans un bol et filmez au contact. Laissez refroidir avant de placer 2 h minimum au frais.

2. **Préparez la pâte à choux :** faites chauffer l'eau, le sel, le sucre et le beurre dans une casserole. Lorsque le mélange bout, ajoutez la farine en une fois et travaillez l'ensemble sur le feu pour le faire sécher. Ajoutez les œufs un à un tout en continuant à mélanger vivement hors du feu.

3. Préchauffez le four à 200 °C, chaleur statique. Placez la pâte dans 1 poche munie de la douille ronde, puis dressez des choux en forme de cœur (réalisez 2 gouttes qui se rejoignent) sur une plaque de cuisson couverte de papier sulfurisé. Enfournez pour 25 min sans ouvrir le four, puis baissez à 180 °C pour 5 min. Laissez refroidir.

4. Placez la crème dans 1 poche munie de la douille à garnir et remplissez les choux en faisant un petit trou à l'arrière de chacun d'eux.

5. **Préparez le glaçage :** dans un bol, mélangez le sucre glace et le jus de citron. Ajoutez le blanc d'œuf et mélangez à nouveau. Ajoutez 1 pincée de colorant et mélangez. Trempez le dessus de chaque chou dans le glaçage, ajoutez éventuellement des fleurs comestibles et laissez sécher sur une grille avant de servir.

Tartelettes ABEILLES À L'ORANGE

12 TARTELETTES • PRÉPA 40 MIN • REPOS 1 H 15 • CUISSON 10 MIN

INGREDIENTS | 12 abeilles en sucre

PÂTE : 190 g de farine · ½ sachet de levure chimique · 115 g de beurre demi-sel ramolli
75 g de sucre · 1 œuf · Le zeste de 1 orange

CRÈME À L'ORANGE : 75 g de sucre · Le zeste de 3 oranges · 160 g de jus d'orange
4 œufs · 1 c. à soupe bombée de fécule de maïs · 200 g de beurre en morceaux

CHANTILLY : 100 g de crème liquide bien froide · 2 c. à soupe de sucre

MATERIEL | 1 emporte-pièce hexagonal de 8 cm environ · 1 batteur électrique
2 poches à douille

1 **Préparez la pâte :** mélangez dans un saladier la farine, la levure, le beurre, le sucre, l'œuf et le zeste de l'orange jusqu'à obtenir une pâte homogène. Sortez la préparation du saladier et formez une boule de pâte. Filmez-la et placez-la 1 h au frais.

2 Pendant ce temps, **préparez la crème à l'orange :** placez dans une casserole le sucre, le zeste et le jus d'orange, les œufs et la fécule de maïs. Faites cuire le mélange jusqu'à ce qu'il s'épaississe. Laissez reposer 15 min avant d'y ajouter le beurre. Mélangez le tout et réservez au frais.

3 Préchauffez le four à 170 °C. Étalez la pâte sur un plan de travail fariné et découpez 12 fonds de tarte à l'aide de l'emporte-pièce. Déposez-les sur une plaque de cuisson couverte de papier sulfurisé, puis enfournez pour 10 min. Laissez refroidir sur une grille.

4 **Préparez la chantilly :** fouettez la crème liquide tout en incorporant le sucre lorsque celle-ci commence à se former, puis placez-la dans 1 poche à douille.

5 Versez la crème à l'orange bien froide dans 1 poche à douille, découpez la pointe.

6 Garnissez les fonds de tarte en déposant des petits dômes de crème à l'orange en cercle sur l'extérieur. Au centre faites la même chose avec la crème fouettée, et finissez par de la crème à l'orange au milieu. Ajoutez une abeille et réservez au frais jusqu'au moment de servir.

Brioches FLEURIES

5 BRIOCHES • PRÉPA 30 MIN • REPOS 1 H 45 • CUISSON 20 MIN

INGRÉDIENTS | 120 g de lait · 60 g de crème liquide · 250 g de farine
20 g de sucre · 3 g de levure de boulanger sèche · 1 pincée de sel
25 g de beurre · Colorant alimentaire rose en poudre
Sucre glace · 1 c. à soupe bombée de confiture de framboises

MATÉRIEL | 1 robot pâtissier · 5 cercles à pâtisserie Ø 10 cm

1. Dans le bol du robot, placez le lait, la crème, la farine, le sucre, la levure et le sel, puis mélangez jusqu'à obtenir une préparation homogène et lisse. Pétrissez ensuite au crochet 5 min. Ajoutez le beurre, 1 pincée de colorant rose et pétrissez à nouveau 5 min jusqu'à obtenir une pâte homogène. Couvrez d'un torchon propre et laissez pousser 1 h minimum à température ambiante.

2. Divisez la pâte en 5 pâtons, et chaque pâton en 5 boules de même poids. Boulez-les et répartissez-les dans les cercles à pâtisserie posés sur une plaque de cuisson couverte de papier sulfurisé. Couvrez et laissez lever 45 min.

3. Préchauffez le four à 150 °C. Avant de les enfourner, entaillez légèrement chaque pétale de 2 coups de lame. Enfournez pour 15 min, puis baissez à 125 °C pour 5 min.

4. Laissez les brioches refroidir sur une grille, puis saupoudrez de sucre glace et garnissez le centre d'une pointe de confiture de framboises.

Biscuits BANANES

15 BISCUITS • PRÉPA 40 MIN • CUISSON 20 À 25 MIN • RÉFRIGÉRATION 3 H

INGRÉDIENTS | GARNITURE : 3 feuilles de gélatine (6 g) · 250 g de bananes en rondelles
2 citrons · 4 jaunes d'œufs · 30 g de sucre · 140 g de mascarpone

PÂTE À BISCUITS : 125 g de farine · 75 g de sucre · 75 g de beurre demi-sel en morceaux
1 jaune d'œuf · 1 gousse de vanille · Colorant alimentaire jaune en poudre
Cacao en poudre non sucré

MATÉRIEL | 1 mixeur · 1 emporte-pièce en forme de banane (facultatif) ou 1 carton
1 petit pinceau · 1 poche à douille

1 **Préparez la garniture :** hydratez la gélatine dans un bol d'eau froide. Dans le mixeur, placez les bananes et le jus de 1 citron, puis mixez jusqu'à obtenir une préparation lisse.

2 Dans un bol, fouettez les jaunes d'œufs avec le sucre jusqu'à ce que le mélange blanchisse. Chauffez la purée de banane avec le jus du citron restant et, dès que le mélange bout légèrement, versez sur les jaunes blanchis en mélangeant. Replacez le tout dans la casserole et faites cuire à feu doux jusqu'à ce que le mélange épaississe en remuant régulièrement. Hors du feu, ajoutez la gélatine égouttée. Versez dans un bol et filmez au contact. Laissez refroidir quelques minutes, puis placez 3 h minimum au frais.

3 Pendant ce temps, **préparez la pâte :** mélangez la farine, le sucre et le beurre. Ajoutez le jaune d'œuf, les graines de la gousse de vanille et un peu de colorant, puis formez une boule de pâte. Placez-la 1 h au frais. Si vous n'avez pas d'emporte-pièce, découpez le carton en forme de banane.

4 Étalez la pâte sur un plan de travail fariné et, à l'aide de l'emporte-pièce ou du gabarit, découpez 30 biscuits bananes. Inversez le gabarit pour la moitié, si vous en utilisez un. Déposez-les sur une plaque couverte de papier sulfurisé, puis enfournez pour 10 min. Laissez refroidir, puis décorez les extrémités avec du cacao à l'aide du pinceau.

5 Battez la garniture à la banane bien froide au batteur avec le mascarpone jusqu'à ce qu'elle soit légère et lisse. Placez-la dans la poche à douille. Répartissez cette préparation sur la moitié des biscuits, puis refermez avec les biscuits restants.

SANDWICHS BISCUITÉS
à la guimauve

25 BISCUITS • PRÉPA 40 MIN • RÉFRIGÉRATION 1 H • CUISSON 20 MIN

INGRÉDIENTS | Stylo pâtissier noir

PÂTE À BISCUITS : 170 g de beurre ramolli · 125 g de sucre glace · 1 œuf
350 g de farine · 1 c. à café de levure chimique · 1 pincée de sel · 1 pincée de bicarbonate de soude alimentaire · Colorants alimentaires rose et jaune en poudre

GUIMAUVE : 5 feuilles de gélatine · 230 g de jus d'orange · 50 g de miel · 150 g de sucre

MATÉRIEL | 1 robot pâtissier · 1 emporte-pièce rond cannelé
1 petit emporte-pièce lapin · 1 petit emporte-pièce ourson · 1 poche à douille

1 **Préparez la pâte à biscuits :** dans le bol du robot, battez le beurre et le sucre glace. Ajoutez l'œuf, la farine, la levure, le sel et le bicarbonate, puis battez jusqu'à obtenir une pâte lisse et homogène. Divisez la pâte en deux, colorez la moitié avec du colorant rose et le reste avec le colorant jaune. Enveloppez les boules dans du film alimentaire et réservez 1 h au frais.

2 Préchauffez le four à 170 °C. Étalez les pâtes sur un plan de travail fariné. À l'aide de l'emporte-pièce rond cannelé, découpez une cinquantaine de biscuits. Déposez-les sur des plaques de cuisson couvertes de papier sulfurisé, puis, dans la moitié des biscuits, découpez au centre une forme de lapin ou d'ourson à l'aide des emporte-pièces. Enfournez pour 10 min sans colorer les biscuits, puis laissez-les refroidir sur une grille.

3 **Préparez la guimauve :** dans un bol d'eau froide, faites ramollir la gélatine. Faites chauffer le jus d'orange dans une casserole avec le miel et le sucre jusqu'à ce que l'ensemble devienne sirupeux, puis ajoutez la gélatine hors du feu. Placez le tout dans le bol du robot et fouettez jusqu'à ce que l'ensemble devienne blanc et prenne du volume en refroidissant. Versez dans la poche à douille et utilisez sans tarder.

4 Répartissez la guimauve sur les biscuits entiers, puis refermez aussitôt avec les biscuits troués. Dessinez les yeux, nez et oreilles des animaux à l'aide du stylo pâtissier. Pour plus de précision, utilisez un cure-dent ou une pique en bois.

CHAUSSONS
aux pommes

6 CHAUSSONS • PRÉPA 30 MIN • CUISSON 35 MIN • RÉFRIGÉRATION 1 H

INGRÉDIENTS | 400 g de pâte feuilletée · 20 g de sucre · Sucre glace

COMPOTE : 4 pommes · 1 pincée de vanille en poudre
1 c. à café bombée de cannelle en poudre · 20 g de cassonade
400 g de pâte feuilletée · 20 g de sucre · Sucre glace

MATERIEL | 1 moule à chausson en forme de pomme

1. **Préparez la compote :** épluchez et coupez les pommes en morceaux. Placez-les dans une casserole avec la vanille, la cannelle et la cassonade, puis faites cuire 20 min environ. Écrasez à la fourchette et réservez 1 h au frais.
2. Étalez la pâte feuilletée. À l'aide du moule, découpez 12 formes dans la pâte. Placez-en une dans l'appareil avant d'ajouter la compote. Refermez avec une seconde forme éventuellement ajourée et pressez bien pour sceller les bords. Faites de même avec tous les chaussons, puis saupoudrez de sucre.
3. Déposez les chaussons sur une plaque de cuisson couverte de papier sulfurisé et enfournez pour 15 min à 200 °C. Laissez refroidir sur une grille à la sortie du four et saupoudrez de sucre glace.

COURONNE *de Noël*

4 PERS. • PRÉPA 1 H • RÉFRIGÉRATION 1 H • CUISSON 12 MIN

INGRÉDIENTS | PÂTE À BISCUITS : 370 g de farine · 1 c. à café de levure chimique
½ c. à café de bicarbonate de soude alimentaire · 1 c. à soupe de 4-épices
1 c. à café de cannelle en poudre · 1 c. à café de gingembre en poudre
85 g de beurre demi-sel · 75 g de cassonade · 75 g de sucre rapadura
1 œuf · 160 g miel

GLAÇAGE : 200 g de sucre glace · 1 blanc d'œuf · Quelques gouttes de jus de citron

MATÉRIEL | Emporte-pièces étoiles et flocons de différentes tailles
1 petite poche à douille · Ruban (facultatif)

1 **Préparez la pâte à biscuits :** dans un saladier, mélangez tous les ingrédients jusqu'à obtenir une préparation homogène. Façonnez un pâton, filmez-le et placez 1 h minimum au frais.

2 Préchauffez le four à 180 °C. Étalez la pâte sur un plan de travail fariné et détaillez 9 étoiles de 6,5 cm environ. Sur une plaque de cuisson tapissée de papier sulfurisé, répartissez-les en les faisant se chevaucher, de sorte à former une couronne en appuyant légèrement.

3 Dans le reste de pâte, détaillez des étoiles et flocons de différentes tailles. Répartissez-les sur une autre plaque couverte de papier sulfurisé. Enfournez les 2 plaques pour 12 min. Laissez refroidir les biscuits.

4 **Préparez le glaçage :** mélangez le sucre glace, le blanc d'œuf et le jus de citron. Placez le tout dans la poche à douille.

5 Découpez la pointe de la poche et dessinez des motifs sur les biscuits isolés. Placez-les sur la couronne en les collant avec du glaçage au dos. Laissez sécher et accrochez un ruban si vous le désirez pour suspendre la couronne.

PAV'FLOCON

aux fruits exotiques

4 À 6 PERS. • PRÉPA 40 MIN • CUISSON 1 H 30

INGRÉDIENTS | MERINGUE : 4 blancs d'œufs · 1 pincée de sel · 250 g de sucre
1 c. à soupe de fécule de maïs · 1 c. à café de jus de citron · Le jus de 1 citron

CHANTILLY : 200 g de crème liquide bien froide · 110 g de mascarpone
30 g de sucre · 1 c. à café de vanille en poudre

GARNITURE : ½ grenade · 1 fruit de la passion · 1 mangue

MATÉRIEL | 1 batteur électrique · 2 poches à douille · 1 douille saint-honoré

1. Préchauffez le four à 100 °C. Sur une feuille de papier sulfurisé, dessinez le gabarit d'un flocon à 8 branches. Retournez la feuille sur une plaque de cuisson.

2. **Préparez la meringue :** fouettez les blancs d'œufs avec le sel doucement à l'aide du batteur. Lorsque les blancs deviennent mousseux, augmentez la vitesse jusqu'à ce qu'ils soient bien fermes. Ajoutez le sucre, la fécule de maïs et le jus de citron, et fouettez pour obtenir une belle meringue lisse et brillante.

3. Placez la meringue dans 1 poche munie de la douille, puis garnissez chaque branche et le centre du gabarit qui transparaît sur le papier sulfurisé. Enfournez pour 1 h 30. À la fin de la cuisson, laissez la meringue refroidir dans le four entre-ouvert.

4. **Préparez la chantilly :** fouettez la crème liquide et le mascarpone en chantilly, puis incorporez-y le sucre et la vanille en poudre lorsque la crème est bien ferme. Placez-la dans 1 poche munie de la douille lavée et garnissez la pavlova en suivant les branches du flocon.

5. **Préparez la garniture :** égrainez la grenade, récupérez la chair du fruit de la passion, coupez la mangue en lamelles, puis décorez la pavlova à votre convenance. Réservez au frais jusqu'au moment de servir.

BONSHOMMES
en pain d'épice

40 BONSHOMMES • PRÉPA 40 MIN • RÉFRIGÉRATION 45 MIN • CUISSON 15 MIN

INGRÉDIENTS | PÂTE À BISCUITS : 170 g de beurre ramolli · 1 c. à café d'extrait de vanille
2 c. à café d'arôme de fleur d'oranger · 2 c. à café de cannelle en poudre
2 c. à café de gingembre en poudre · 1 c. à café de 4-épices · 1 œuf
150 g de cassonade · 80 g d'amandes en poudre · 300 g de farine
½ sachet de levure chimique

GLAÇAGE : 200 g de sucre glace · 1 blanc d'œuf
Quelques gouttes de jus de citron · Colorants alimentaires en poudre (facultatif)

MATÉRIEL | 1 robot pâtissier · Emporte-pièces bonhommes de différentes tailles
1 petite poche à douille

1 **Préparez la pâte à biscuits :** dans le bol du robot, fouettez le beurre avec l'extrait de vanille, la fleur d'oranger et les épices. Ajoutez l'œuf, la cassonade et les amandes en poudre, puis mélangez. Ajoutez la farine et la levure chimique, mélangez à nouveau. Façonnez une boule de pâte, filmez et placez 45 min minimum au frais.

2 Préchauffez le four à 180 °C. Sur un plan de travail fariné, étalez la pâte au rouleau et détaillez les bonshommes avec les emporte-pièces. Répartissez-les sur une plaque de cuisson couverte de papier sulfurisé. Enfournez pour 15 min et laissez les biscuits refroidir complètement.

3 **Préparez le glaçage :** mélangez le sucre glace avec le blanc d'œuf et le jus de citron. Si vous souhaitez réaliser des décors colorés, isolez un peu de glaçage et colorez-le à votre guise. Versez le glaçage dans la poche à douille, puis coupez la pointe pour décorer finement les biscuits. Dessinez les visages et décorez les corps des bonshommes. Laissez le glaçage durcir avant de déguster.

SAPIN de Noël

4 À 6 PERS. • PRÉPA 45 MIN • RÉFRIGÉRATION 1 H • CUISSON 10 À 12 MIN

INGRÉDIENTS | PÂTE À BISCUITS : 170 g de beurre ramolli
125 g de sucre glace · 1 œuf · 1 c. soupe de cannelle en poudre
350 g de farine · 1 c. à café de levure chimique · 1 pincée de sel
1 pincée de bicarbonate de soude alimentaire

GLAÇAGE : 200 g de sucre glace · 1 blanc d'œuf
Quelques gouttes de jus de citron · Colorants alimentaires en poudre (facultatif)

MATÉRIEL | 1 robot pâtissier · Emporte-pièces gigognes étoiles · 1 poche à douille

1 **Préparez la pâte à biscuits :** dans le bol du robot, placez le beurre ramolli et le sucre glace et battez ensemble. Ajoutez l'œuf et la cannelle, mélangez. Ajoutez enfin la farine, la levure, le sel et le bicarbonate, puis battez jusqu'à obtenir une pâte lisse et homogène. Formez une boule, puis enveloppez-la dans du film alimentaire et réservez-la 1 h au frais.

2 Préchauffez le four à 180 °C. Étalez la pâte sur un plan de travail fariné. À l'aide des emporte-pièces, découpez une vingtaine d'étoiles, puis déposez-les sur une plaque de cuisson couverte de papier sulfurisé. Enfournez pour 10 à 12 min, puis, à la sortie du four, laissez refroidir les biscuits sur une grille.

3 **Préparez le glaçage :** mélangez le sucre glace, le blanc d'œuf et le jus de citron, puis versez-le dans la poche à douille. Coupez la pointe de la poche afin de pouvoir dessiner des motifs sur les biscuits.

4 Décorez à votre guise chaque étoile, puis déposez un peu de glaçage au centre de chaque biscuit et superposez-les délicatement du plus grand au plus petit, en les pivotant, pour former un sapin. Vous pouvez aussi colorer une partie du glaçage, selon votre goût. Laissez le glaçage sécher complètement avant de déplacer le sapin.

BISCUITS de Noël

50 BISCUITS • PRÉPA 45 MIN • RÉFRIGÉRATION 2 H • CUISSON 10 À 12 MIN

INGREDIENTS | PÂTE À BISCUITS : 170 g de beurre ramolli · 125 g de sucre glace
1 œuf · 1 c. à soupe de cannelle en poudre · 1 c. à café de 4-épices
350 g de farine · 1 c. à café de levure chimique · 1 pincée de sel
1 pincée de bicarbonate de soude alimentaire

GLAÇAGE : 200 g de sucre glace · 1 blanc d'œuf · Quelques gouttes de jus de citron

MATERIEL | 1 robot pâtissier · Emporte-pièces de différentes formes et tailles (étoiles, flocons, cœurs...) · 1 petite poche à douille

1 **Préparez la pâte à biscuits :** dans le bol du robot, fouettez le beurre ramolli et le sucre glace. Ajoutez ensuite l'œuf et les épices, mélangez. Ajoutez enfin la farine, la levure, le sel et le bicarbonate, puis mélangez jusqu'à obtenir une pâte lisse et homogène. Enveloppez la pâte dans du film alimentaire, puis réservez 2 h au frais.

2 Préchauffez le four à 180 °C. Étalez la pâte sur un plan de travail fariné. À l'aide des emporte-pièces, découpez une cinquantaine de biscuits et déposez-les sur une plaque de cuisson couverte de papier sulfurisé. Enfournez pour 10 à 12 min, puis, à la sortie du four, laissez les biscuits refroidir sur une grille.

3 **Préparez le glaçage :** mélangez le sucre glace, le blanc d'œuf et le jus de citron, puis versez le tout dans la poche à douille. Découpez la pointe.

4 Sur les biscuits bien froids, dessinez délicatement des motifs selon votre imagination. Laissez le glaçage bien sécher et conservez les biscuits dans une boîte hermétique.

GÂTEAUX ROULÉS
à motifs

4 À 6 PERS. • PRÉPA 50 MIN • CUISSON 13 MIN • RÉFRIGÉRATION 2 H

INGRÉDIENTS I Stylo pâtissier noir pour le gâteau oursons

PÂTE : 4 œufs · 55 g de lait · 45 g d'huile neutre
60 g de farine · 50 g de sucre · 5 g de jus de citron · 10 g de cacao en poudre non sucré pour le gâteau à carreaux, 3 g pour le gâteau oursons

CHANTILLY : 200 g de crème liquide bien froide · 100 g de mascarpone
20 g de sucre · 1 pincée de vanille en poudre

MATÉRIEL I 1 batteur électrique · 1 ou 2 poches à douilles

1 **POUR LE GÂTEAU À CARREAUX I** Préparez le gabarit du décor en quadrillant du papier sulfurisé, puis retournez-le, pour placer le crayon en-dessous, sur une plaque de cuisson.
POUR LE GÂTEAU OURSONS I Préparez les gabarits oursons sur du papier sulfurisé, puis retournez-le, pour placer le crayon en-dessous, sur une plaque de cuisson.

2 **Préparez la pâte :** séparez les blancs des jaunes d'œufs. Dans un saladier, mélangez les jaunes d'œufs, le lait, l'huile et la farine. Battez les blancs en neige, et, lorsqu'ils commencent à monter, ajoutez le sucre en pluie et le jus de citron. Ajoutez un tiers des blancs en neige à la première préparation et mélangez délicatement. Ajoutez le reste des blancs en deux fois, en les incorporant délicatement à la spatule.

3 **POUR LE GÂTEAU À CARREAUX I** Divisez la pâte en 2 portions égales, puis divisez une des portions à nouveau en 2 parts égales. Colorez les deux dernières parts avec le cacao en dosant de sorte que l'une soit plus foncée (3 g dans la première et 7 g dans la seconde). Versez les pâtes colorées dans 2 poches à douille distinctes et coupez les pointes. Préchauffez le four à 160 °C. Remplissez le gabarit sur le papier sulfurisé en alternant les pâtes colorées, puis enfournez pour 1 min. Recouvrez l'ensemble avec la pâte nature et enfournez pour 12 min.
POUR LE GÂTEAU OURSONS I Prélevez 90 g de pâte et colorez-la avec le cacao. Versez la pâte colorée dans 1 poche à douille et coupez la pointe. Préchauffez le four à 160 °C. Garnissez les motifs sur le papier sulfurisé avec la pâte au cacao, puis enfournez pour 1 min. Recouvrez avec la pâte nature et enfournez pour 12 min. Sortez le gâteau du four et retirez aussitôt le papier sulfurisé délicatement. Enroulez le gâteau dans un torchon humide et laissez-le refroidir une dizaine de minutes.

4 **Préparez la chantilly :** fouettez la crème avec le mascarpone. Ajoutez le sucre et la vanille tout en continuant de fouetter.

5 Déroulez le gâteau, garnissez-le avec la chantilly et roulez-le à nouveau. Filmez et placez au frais pour 2 h minimum.
POUR LE GÂTEAU OURSONS | Au moment de servir, dessinez les visages des oursons avec le stylo.

Tarte aux pommes FAÇON BOUQUET DE ROSES

4 À 6 PERS. • PRÉPA 20 MIN • CUISSON 45 MIN

INGRÉDIENTS | 1 pâte feuilletée · 10 pommes rouges · Sucre glace

SIROP : 30 g d'eau · 2 sachets de sucre vanillé

MATÉRIEL | 1 moule à tarte Ø 22 cm · 1 coupe-lanières

1. Foncez le moule beurré avec la pâte feuilletée.
2. Lavez et séchez les pommes, puis, avec le coupe-lanières, sans les éplucher, réalisez de longues bandes de pommes (un peu comme des lasagnes). Garnissez la pâte avec les feuilles de pommes en les enroulant sur elles-mêmes pour former des roses et en les serrant bien. Répétez jusqu'à ce que la tarte soit bien garnie.
3. **Préparez le sirop :** dans une casserole, faites chauffer l'eau avec le sucre vanillé quelques minutes.
4. Préchauffez le four à 180 °C. Badigeonnez les roses de sirop, puis enfournez pour 40 min. Laissez refroidir la tarte sur une grille à la sortie du four, puis saupoudrez de sucre glace au moment de servir.

Brioches MOMIES

8 BRIOCHES • PRÉPA 40 MIN • REPOS 1 H 45 • CUISSON 15 MIN

INGRÉDIENTS | Yeux en sucre

PÂTE À BRIOCHES : 400 g de farine · 20 g de sucre rapadura
6 g de levure de boulanger sèche · 1 c. à café de cannelle en poudre
150 g de lait + 10 g pour la dorure · 120 g de crème de coco · 45 g de beurre

GLAÇAGE : 200 g de sucre glace · 1 blanc d'œuf · Le jus de ½ citron

MATÉRIEL | 1 robot pâtissier · 1 pinceau · 1 poche à douille

1 **Préparez la pâte à brioches :** dans le bol du robot, placez la farine, le sucre, la levure, la cannelle, puis le lait et la crème de coco. Pétrissez 5 min jusqu'à obtenir une pâte lisse et homogène. Incorporez le beurre, puis pétrissez à nouveau 5 min. Couvrez le bol d'un film alimentaire ou d'un torchon propre et laissez lever 1 h à température ambiante.

2 Sur un plan de travail fariné, travaillez la pâte et préparez 8 boules de 45 g (tête) et 8 boules de 35 g (corps). Détaillez 16 petites boules pour les bras dans le reste de pâte.

3 Sur une feuille de papier sulfurisé, façonnez les momies en soudant les différentes parties avec un peu d'eau. Espacez bien les momies. Couvrez de film alimentaire et laissez lever 45 min.

4 Préchauffez le four à 170 °C. Dorez les brioches au lait avec le pinceau, coupez le bas du corps en deux à l'aide de ciseaux pour former les jambes et enfournez pour 15 min. Sortez les brioches et laissez-les refroidir.

5 Pendant ce temps, **préparez le glaçage :** mélangez le sucre glace avec le blanc d'œuf et le jus de citron. Placez-le dans la poche à douille.

6 Coupez la pointe de la poche et réalisez les bandages des momies avec le glaçage en effectuant des zigzags. Décorez enfin avec les yeux en sucre.

Matcha rolls
PETITS MONSTRES

8 ROLLS • PRÉPA 35 MIN • CUISSON 10 MIN • RÉFRIGÉRATION 2 H

INGRÉDIENTS | Yeux en sucre

PÂTE : 110 g de farine de riz gluant · 35 g de fécule de maïs + pour le plan de travail
25 g de sucre · 185 g de lait de coco · 1 c. à café rase de thé matcha en poudre
20 g de beurre · 30 g de noix de coco râpée

GARNITURE : 135 g de crème liquide bien froide · 100 g de cream cheese
(ou fromage à tartiner) · 25 g de sucre · 10 g de noix de coco râpée + pour saupoudrer

MATÉRIEL | 1 batteur électrique · Fil de nylon

1 **Préparez la pâte :** dans un saladier, mélangez la farine de riz, la fécule de maïs, le sucre, le lait de coco et le matcha. Faites cuire la préparation dans une poêle antiadhésive en mélangeant jusqu'à ce que la pâte épaississe et se détache des parois. Ajoutez le beurre et mélangez. Travaillez ensuite la pâte sur un plan de travail en saupoudrant de fécule de maïs jusqu'à ce que la pâte soit malléable, souple et froide.

2 **Préparez la garniture :** montez la crème en chantilly et réservez au frais.

3 Dans un bol, mélangez le cream cheese et le sucre. Ajoutez la noix de coco râpée et mélangez à nouveau. Incorporez la crème chantilly et mélangez délicatement.

4 Saupoudrez une feuille de papier sulfurisé de noix de coco râpée et étalez-y la pâte couverte d'une autre feuille de papier sulfurisé en un long rectangle de 60 x 20 cm (la coco va ainsi bien adhérer à la pâte). Garnissez-la avec la garniture à l'aide d'une spatule, lissez bien et roulez délicatement pour obtenir un boudin bien serré. Placez 2 h minimum au frais.

5 Détaillez le rouleau en tranches de 1 cm d'épaisseur environ à l'aide du fil de nylon que vous passez autour et serrez, puis décorez avec les yeux en sucre.

Brioches CITROUILLES

12 BRIOCHES • PRÉPA 45 MIN • CUISSON 35 À 45 MIN • REPOS 1 H 45

INGRÉDIENTS | 300 g de dés de courge butternut · 60 g de lait + 2 c. à soupe pour la dorure · 75 g de sucre blond · 10 g de levure de boulanger sèche 600 g de farine · 1 pincée de sel · 1 c. à café de cannelle · 1 œuf 100 g de beurre à température ambiante en morceaux · 3 bâtons de cannelle

MATÉRIEL | 1 robot pâtissier · Ficelle de cuisine · 1 pinceau

1 Faites cuire les dés de courge à l'étouffée 20 à 30 min environ, égouttez-les bien, puis écrasez-les à la fourchette pour les réduire en purée.

2 Faites tiédir le lait, puis, dans un bol, mélangez-le avec 1 c. à soupe de sucre et la levure sèche. Laissez reposer une dizaine de minutes.

3 Pendant ce temps, placez la farine, le reste de sucre, le sel et la cannelle dans le bol du robot. Ajoutez l'œuf et le premier mélange lait-levure, puis pétrissez 5 min. Ajoutez la purée de courge bien égouttée, pétrissez à nouveau, puis ajoutez le beurre petit à petit jusqu'à ce que la pâte n'accroche plus les parois du bol. Formez une boule, couvrez de film alimentaire ou d'un torchon propre et laissez reposer 1 h à température ambiante et à l'abri des courants d'air.

4 Lorsque la pâte a doublé de volume, dégazez-la et façonnez sur un plan de travail fariné 12 boules de 80 g. Coupez 12 longs morceaux de ficelle. Passez un morceau autour d'une boule de pâte, sans trop serrer, puis croisez pour former une croix. Répétez dans les deux diagonales pour former des petits quartiers. Terminez en nouant les extrémités de la ficelle. Façonnez toutes les boules de brioches de la même manière. Disposez-les sur une plaque de cuisson couverte de papier sulfurisé, couvrez d'un torchon humide et laissez lever 45 min.

5 Préchauffez le four à 180 °C. Dorez les brioches avec le lait à l'aide du pinceau, puis enfournez pour 12 min.

6 Laissez les brioches refroidir, puis retirez les ficelles et piquez dans chacune un morceau de bâton de cannelle.

INDEX

M

P

S

T

Direction de la publication : Isabelle Jeuge-Maynart et Ghislaine Stora
Direction éditoriale : Émilie Franc et Julie Martin
Édition : Flore Beaugendre
Direction artistique : Géraldine Lamy
Couverture : Laura Filiberti
Conception graphique et mise en pages : Irène Sellier
Préparation de copie et relecture : Fanny Delahaye
Fabrication : Laetitia Messadene
Illustrations : © Shutterstock

Les Éditions Larousse utilisent des papiers composés de fibres naturelles, renouvelables, recyclables et fabriquées à partir de bois issus de forêts qui adoptent un système d'aménagement durable. En outre, les Éditions Larousse attendent de leurs fournisseurs de papier qu'ils s'inscrivent dans une démarche de certification environnementale reconnue.

21, rue du Montparnasse
75006 Paris
ISBN : 978-2-03-606671-7
Imprimé en Espagne par Macrolibros
Dépôt légal : septembre 2024
336630/01 – 11055593 – juillet 2024

PAPIER À BASE DE FIBRES CERTIFIÉES

LAROUSSE s'engage pour l'environnement en réduisant l'empreinte carbone de ses livres. Celle de cet exemplaire est de :
850 g éq. CO_2
Rendez-vous sur www.larousse-durable.fr